I0122844

LISTE

DES

RECTEURS

DE L'UNIVERSITÉ DE CAEN

DRESSÉE

D'APRÈS LEURS SIGNATURES SUR LES REGISTRES DES RECTORIES

ET AUTRES DOCUMENTS

Conservés aux Archives du Calvados

PAR

M. Eugène CHATEL

ARCHIVISTE DU CALVADOS
MEMBRE DE LA SOCIÉTÉ DES ANTIQUAIRES DE NORMANDIE

CAEN

IMPRIMERIE DE F. LE BLANC-HARDEL

RUE FROIDE, 2 ET 4

1882

LISTE

DES

RECTEURS

DE L'UNIVERSITÉ DE CAEN

DRESSÉE

D'APRÈS LEURS SIGNATURES SUR LES REGISTRES DES RECTORIES

ET AUTRES DOCUMENTS

Conservés aux Archives du Calvados

PAR

M. Eugène CHATEL

ARCHIVISTE DU CALVADOS
MEMBRE DE LA SOCIÉTÉ DES ANTIQUAIRES DE NORMANDIE

CAEN

IMPRIMERIE DE F. LE BLANC-HARDEL

RUE FROIDE, 2 ET 4

—

1882

Extrait du Bulletin de la Société des Antiquaires de Normandie

LISTE

RECTEURS DE L'UNIVERSITÉ DE CAEN

DRESSÉE D'APRÈS LEURS SIGNATURES

Sur les registres des Rectories et autres documents conservés aux Archives du Calvados

---

DURANT L'OCCUPATION ANGLAISE.

1. 19 janvier 1439 (1440), Trégorre (Michel), maître ès arts et bachelier en théologie (1).
2. 1er octobre 1440, L'Enfant (Jean), docteur ès lois.
3. 24 mars 1440 (1441), Blondel, *Blondelli* (Jean), maître ès arts et bachelier en théologie.
4. 2 octobre 1441, Le François (Michel), maître ès arts et bachelier en théologie.
5. 24 mars 1441 (1442), Masselin (Robert), maître ès arts et bachelier en théologie.
6. 1er octobre 1442, Basin (Thomas), docteur en l'un et l'autre droit, et maître ès arts.
7. 23 mars 1442 (1443), Caudel, *Caudelli* (Jean), maître ès arts, bachelier en théologie.
8. 1er octobre 1443, d'Estampes (Roger), maître ès arts, licencié ès lois et bachelier en droit canon.
9. 24 mars 1443 (1444), Dixins (Jean), maître ès arts et bachelier en théologie.
10. 1er octobre 1444, pour la seconde fois, Blondel (Jean), maître ès arts et licencié en théologie.

---

(1) Le rectorat fut semestriel jusque vers 1616; celui de Michel Trégorre dura huit mois et douze jours au lieu de six mois, c'est-à-dire jusqu'au 1er octobre 1440.

11. 24 mars 1444 (1445), L'Absolu, *Absoluti* (Jean), maître ès arts, licencié en droit canon.

12. 1er octobre 1445, de Vauville (Nicolas), maître ès arts et bachelier en théologie.

13. 24 mars 1445 (1446), pour la seconde fois, Caudel (Jean), maître ès arts et bachelier en théologie.

14. 1er octobre 1446, Dyel (Regnauld, *Reginaldus*), maître ès arts et bachelier en droit civil.

15. 24 mars 1446 (1447), pour la deuxième fois, Blondel (Jean), maître ès arts et licencié en médecine.

16. 1er octobre 1447, de Villette, *de Villetta* (Guillaume), maître ès arts et docteur ès lois.

17. 16 mars 1447 (1448), Du Bois, *De Bosco* (Nicolas), maître ès arts et bachelier en théologie, fondateur du collège *Du Bois*.

18. 1er octobre 1448, Roussel (Guillaume), maître ès arts et licencié en droit civil.

19. 24 mars 1448 (1449), de Mailloc (Jacques), maître ès arts et bachelier en droit canon.

20. 1er octobre 1449, Picot (Jean), maître ès arts et bachelier en théologie.

21. 24 mars 1449 (1450), Le Héricé (Richard), maître ès arts et bachelier en théologie (1).

APRÈS L'EXPULSION DES ANGLAIS.

22. 1er octobre 1450, Le Thabouyer (Thomas), maître ès arts et licencié en droit canon (*in decretis*).

(1) C'est sous son décanat que Charles VII confirme provisoirement par lettres-patentes, données à Écouché, le 30 juillet 1450, l'UNIVERSITÉ DE CAEN, à l'exception de la *Faculté de droit civil*, contre laquelle avait protesté, dès l'origine, l'UNIVERSITÉ DE PARIS, qui n'en avait pas dans ses écoles.

23. 24 mars 1450 (1451), Le Pelletier (Rouland), maître
ès arts et licencié en droit civil.

24. 1er octobre 1451, Crasset (Jean), maître ès arts et
bachelier en théologie.

25. 24 mars 1451 (1452), pour la seconde fois, de Vauville (Nicolas), maître ès arts et bachelier en
théologie.

26. 1er octobre 1452, Michel, *Michaelis* (Nicolas), maître
ès arts et bachelier en théologie (1).

27. 24 mars 1452 (1453), Le Goupil (Gilles), maître ès
arts et licencié en droit civil.

28. 1er octobre 1453, Postel (Pierre), maître ès arts et
bachelier en droit canon.

29. 24 mars 1453 (1454), Le Cloutier (Thomas), maître
ès arts, licencié en droit civil et bachelier en
droit canon, principal du collège fondé en 1452,
par Roger Le Cloutier, son oncle.

30. 1er octobre 1454, Daniel (Guillaume), maître ès arts
et licencié en l'un et l'autre droit.

31. 24 mars 1454 (1455), de Castillon, *de Castileono,
Mediolanensis* (Pierre), maître ès arts et bachelier
en théologie, de Milan.

32. 1er octobre 1455, du Moustier, *de Monasterio* (Richard), maître ès arts, docteur ès droits canon
et civil.

---

(1) Charles VII, à la demande des *trois États* de Normandie, confirme l'érection de l'Université avec les *cinq facultés*, par lettres-
patentes datées, le 30 octobre 1452, de *Pommiers-en-Forez*, et qui
furent solennellement promulguées, avec les bulles des papes Eugène IV
et Nicolas V, lors de l'inauguration de l'Université, célébrée avec
pompe dans l'église St-Pierre de Caen, le 22 janvier 1458.

33. 20 mars 1455 (1456), de Rinello, *Rinello* (Jean), maître ès arts, licencié en droit canon et bachelier en droit civil, de Paris.

34. 1er octobre 1456, de Louraille (Guillaume), maître ès arts, licencié en droit canon et bachelier en théologie (*in sacrâ paginâ*).

35. 24 mars 1456 (1457), Marc (Nicolas), maître ès arts et licencié en droit civil (1).

36. 1er octobre 1457, Caudel, *Caudelli* (Pierre), maître ès arts et bachelier en médecine.

37. 24 mars 1457 (1458), Pellevé (Jacques), docteur ès lois et maître ès arts.

38. 2 octobre 1458, Le Coifflé, *Coeffy* (Noël), maître ès arts et bachelier en théologie (*in sacrâ paginâ*).

39. 17 mars 1458 (1459), Le Prestre, *Presbiteri* (Robert), maître ès arts et bachelier en théologie.

40. 1er octobre 1459, pour la deuxième fois, du Moustier (Richard), docteur ès droits canon et civil et maître ès arts.

41. 24 mars 1459 (1460), de La Cour, *de Curia* (Germain), maître ès arts et bachelier en théologie.

42. 1er octobre 1460, Le Valloys (André), maître ès arts et docteur ès droits canon et civil.

43. 24 mars 1460 (1461), Léonard, *Leonardi* (Jean), maître ès arts et docteur en théologie.

44. 1er octobre 1461, Bausson (Jean), maître ès arts et bachelier en théologie.

(1) C'est à dater de son décanat que chaque recteur dut enregistrer ses actes (*per se vel per alium fideliter redigeret conclusiones*) sur un registre, dont l'achat devint une dépense de l'Université. De là la variété d'écriture, d'enluminure et de rédaction dans les registres, à chaque changement de recteur.

45. 25 mars 1461 (1462), pour la seconde fois. Le Héricé (Richard), maître ès arts, docteur en théologie.

46. 1ᵉʳ octobre 1462, Le Plusbel, *Pulcrior* (Jean), maître ès arts et docteur en médecine.

47. 24 mars 1462 (1463), Héquart (Robert), maître ès arts, bachelier en droit civil et licencié en droit canon.

48. 1ᵉʳ octobre 1463, du Moustier (Jean), maître ès arts, licencié en l'un et l'autre droit.

49. 24 mars 1463 (1464), Le Bec (Godefroy), maître ès arts et licencié en droit civil.

50. 1ᵉʳ octobre 1464, Le Febvre, *Fabri* (Quentin), maître ès arts et bachelier en théologie.

51. 24 mars 1464 (1465), Blondel, *Blondelli* (Pierre), maître ès arts, bachelier en droit canon et licencié en droit civil.

52. 1ᵉʳ octobre 1465, pour la seconde fois, Le Valloys (André), maître ès arts et docteur ès droits canon et civil.

53. 24 mars 1465 (1466), Le Hardy, *Audacis* (Jean), maître ès arts et bachelier en théologie.

54. 1ᵉʳ octobre 1466, Du Bouillon, *Bullionis* (Pierre), maître ès arts et bachelier en théologie.

55. 20 mars 1466 (1467), Gouel (Jean) (1), maître ès arts et licencié en droit civil.

56. 1ᵉʳ octobre 1467, Tiesse (Robert), maître ès arts.

57. 23 mars 1467 (1468), Caudel (Jean), maître ès arts et docteur en droit canon (2).

_____

(1) Élu sur le refus de Geoffroy d'Évreux, conservateur des privilèges de l'Université.

(2) Élu sur le refus de Jean Léonard.

58. 1ᵉʳ octobre 1468, pour la seconde fois, Le Coiffé (Noël), maître ès arts et docteur en théologie.

59. 24 mars 1468 (1469), Le Porchier (Jean), maître ès arts, licencié en droit civil et bachelier en droit canon.

60. 2 octobre 1469, Le Conte (Thomas), maître ès arts et docteur en médecine.

61. 24 mars 1469 (1470), pour la seconde fois, Pellevé (Jacques), docteur ès lois, maître ès arts.

62. 1ᵉʳ octobre 1470, Bouet (Jean), maître ès arts et licencié en théologie, fondateur du collège Bouet.

63. 24 mars 1470 (1471), Osmont (Jean), maître ès arts, bachelier en droit civil et licencié en droit canon.

64. 1ᵉʳ octobre 1471, Talvas (Thomas), maître ès arts et licencié en théologie.

65. 20 mars 1471 (1472), Grente (Thomas), maître ès arts et licencié en droit canon.

66. 1ᵉʳ octobre 1472, Pellevé (Jean), maître ès arts et docteur ès droits canon et civil.

67. 24 mars 1472 (1473), Vaultier, *Valteri* (Jacques), maître ès arts et bachelier en théologie.

68. 1ᵉʳ octobre 1473, d'Argouges, *de Argouges* (Robert), maître ès arts et licencié en droit canon.

69. 24 mars 1473 (1474), Le Provost (Nicolas), maître ès arts et licencié ès droits canon et civil.

70. 1ᵉʳ octobre 1474, de La Hazardière (Pierre), docteur en théologie et maître ès arts.

71. 18 mars 1474 (1475), Trexot (Jean), maître ès arts, licencié en droit civil et bachelier en droit canon.

72. 1ᵉʳ octobre 1475, de Briquebec (Guillaume), maître ès arts et licencié en droit civil.

73. 23 mars 1475 (1476), Ouyn (Jean), maître ès arts
et licencié en théologie.

74. 1ᵉʳ octobre 1476, de Graville (Charles), maître ès
arts et licencié en droit civil.

75. 24 mars 1476 (1477), Laygnier (Robert), maître ès
arts et licencié en théologie.

76. 2 octobre (1) 1477, Avaine (Jacques), maître ès arts
et licencié en théologie, fondateur du collège
Avaine.

77. 14 mars 1477 (1478), Le Cave, *Cavey* (2) (Pierre),
docteur en l'un et l'autre droit.

78. 1ᵉʳ octobre 1478, de Troismons (Jean), maître ès
arts et bachelier en théologie.

79. 24 mars 1478 (1479), Hamon (Guillaume), maître ès
arts et professeur en théologie.

80. 1ᵉʳ octobre 1479, Pastourel, *Pastoralis* (Raoul),
maître ès arts et licencié en théologie.

81. 24 mars 1479 (1480), Godeffroy (Robert), maître
ès arts et docteur en médecine.

82. 1ᵉʳ octobre 1480, pour la seconde fois, Tiesse
(Robert), docteur ès droits canon et civil.

83. La veille de l'*Annonciation* 1480 (1481), de La
Mouche (Nicolas), maître ès arts et licencié en
théologie.

84. 1ᵉʳ octobre 1481, Le Riche, *Divitis* (Jean), maître ès
arts et docteur en médecine.

(1) L'élection ne put avoir lieu le 1ᵉʳ octobre, par suite du dés-
accord des votants. Ce ne fut que le lendemain, 2, que Jacques
Avaine fut élu, « *unanimi et concordi consensu intrantium.* »

(2) La signature est indéchiffrable dans le registre intitulé : *Pinax
Rectoriarum*, feuillet 168 v°, ainsi que dans le *Registrum pro conclusionibus Rectorum*, feuillet 74 r°.

85. Mars 1481 (1482), du Hamel, *de Hamello* (Robert), maître ès arts et licencié en droit civil.

86. 1ᵉʳ octobre 1482, Ernault (Richard), maître ès arts et licencié en droit civil (1).

87. 23 mars 1482 (1483), Le Héricy (Jean), maître ès arts et bachelier en droit civil.

88. 1ᵉʳ octobre 1483, pour la deuxième fois, Avaine (Jacques), maître ès arts et licencié en théologie.

89. 24 mars 1483 (1484), Le François (Nicolas), bachelier ès droits.

90. 1ᵉʳ octobre 1484, Basan (Pierre), maître ès arts, licencié en droit civil et bachelier en droit canon.

91. 24 mars 1484 (1485), Le François (Roger), maître ès arts et licencié en droit canon.

92. 1ᵉʳ octobre 1485, pour la seconde fois, de Graville (Charles), docteur en droit civil *(legum doctor)* et protonotaire du siège apostolique.

93. 18 mars 1485 (1486), pour la seconde fois, Le Febvre, *Fabri* (Quentin), maître ès arts et professeur en théologie.

94. 2 octobre 1486, Gauvain (Jean), maître ès arts et licencié en théologie.

95. 24 mars 1486 (1487), Hermon (Gilles), maître ès arts et docteur en médecine.

96. 1ᵉʳ octobre 1487, pour la seconde fois, Osmont (Jean), maître ès arts et licencié en théologie.

97. 24 mars 1487 (1488), Lirondel (Jean), maître ès arts et docteur ès droits.

---

(1) Élu sur le refus de Barthold Danjon, qui paya l'amende de six écus (*somma sex scutorum pro pœnd recusantibus acceptare illud officium imposita*), feuillet 93 du Registre des Conclusions.

98. 1ᵉʳ octobre 1488, pour la seconde fois, Le Riche (Jean), maître ès arts et docteur en médecine.

99. 24 mars 1488 (1489), Longier (Denis), maître ès arts et licencié ès droits.

100. 1ᵉʳ octobre 1489, Pépin (Denis), maître ès arts et licencié en théologie.

101. 24 mars 1489 (1490), de Grimouville (Charles) (1), maître ès arts et licencié en droit canon.

102. 1ᵉʳ octobre 1490, pour la seconde fois, de La Mouche (Nicolas), maître ès arts et professeur en théologie.

103. 24 mars 1490 (1491), Dargouges (Jean), maître ès arts et bachelier ès droits.

104. 1ᵉʳ octobre 1491, Le Perretel (Pierre), docteur en théologie.

105. 24 mars 1491 (1492), Patry (Jean), docteur ès droits.

106. Octobre 1492, Donnebault (Guillaume), maître ès arts et licencié ès droits.

107. 23 mars 1492 (1493), Cauvin (Ursin), maître ès arts et licencié en droit civil.

108. 1ᵉʳ octobre 1493, pour la seconde fois, Le Conte (Thomas), maître ès arts et docteur en médecine.

109. 23 mars 1493 (1494), de La Bigne (Marguerin), maître ès arts et licencié en théologie *(in sacris litteris)*, abbé commendataire d'Ardennes.

110. 1ᵉʳ octobre 1494, Morin (Jean), licencié en théologie *(in sacrâ paginâ)*.

(1) La signature incomplète, ne donnant que la première partie du nom, ne permet pas d'affirmer s'il faut lire « de Grimonville » ou « de Grimouville. »

111. 24 mars 1494 (1495), Le Cronier (Pasquier) *(Pas-casius)*, licencié en théologie.

112. 1er octobre 1495, Lenglois (Fralin), maître ès arts et docteur en théologie *(decretorum)*.

113. 24 mars 1495 (1496), de Launay, *Delaunay* (Jean), maître ès arts et docteur en médecine.

114. 1er octobre 1496, Vaultier, *Walteri* (Pierre), maître ès arts et licencié en droit canon.

115. 18 mars 1496 (1497), de Perrières (Guillaume), maître ès arts et docteur en droit civil *(legum)*.

116. Octobre 1497, Léonard, *Leonardi* (Jean), maître ès arts et licencié en théologie.

117. 18 mars 1497 (1498), Regnauld *(Reginaldi)* (Pierre), maître ès arts et docteur en droit canon.

118. 1er octobre 1408, Marivint (Pierre), maître ès arts et bachelier en théologie.

119. 23 mars 1490 (1499), Dupuys (André), licencié ès droits canon et civil.

120. 1er octobre 1490, Le Jolis (Guillaume), licencié en droit canon.

121. 14 mars 1499 (1500), Sohier (Roger), licencié en droit canon.

122. 1er octobre 1500, Panis (Jean), maître ès arts et licencié en théologie.

123. 24 mars 1500 (1501), Hunot (Gabriel), maître ès arts et licencié en droit civil.

124. 1er octobre 1501, Le Brun (Étienne), licencié en droit civil.

125. 19 mars 1501 (1502), d'Esterville (Philippe), licencié ès droits canon et civil.

126. 1er octobre 1502, de Magny (signant alternative-

men de *Magny* et de *Maigny*) (1) (Jean), maître
ès arts et bachelier en théologie.

127. 24 mars 1502 (1503), de Mangny (Pierre), maître
ès arts et licencié en droit civil.

128. 2 octobre 1503, pour la seconde fois, Morin (Jean),
maître ès arts et professeur en théologie.

129. 23 mars 1503 (1504), Le Chevalier (Jacques),
maître ès arts et licencié en droit civil, seigneur
de Neuilly-le-Malherbe.

130. 1er octobre 1504, Le Hayer, *Haier* (Jean), maître ès
arts, bachelier en droit civil et licencié en théologie et en droit canon.

131. 15 mars 1504 (1505), Grosparmy (Aimard), maître
ès arts et bachelier en théologie.

132. 1er octobre 1505, de Lesnauderie (Pierre), maître
ès arts licencié en droit civil *(in legibus)*.

133. 24 mars 1505 (1506), de La Mare, *de Mara* (Guillaume), maître ès arts, alors licencié, puis docteur ès droits canon et civil.

134. 1er octobre 1506, La Longny (Adàm), licencié en
droit canon.

135. 24 mars 1506 (1507), Le Prevost (2) (Henri), maître
ès arts et bachelier en théologie.

136. 1er octobre 1507, de La Lande, *de Landa* (Guillaume), bachelier, puis docteur en théologie.

137. Mars 1507 (1508), Patrix, *Patrice* (Jean), bachelier
en théologie.

(1) Le Matrologe écrit à tort : *Jo. Demengny in theo. bacca.*, et son
successeur *de Magny.*

(2) Au défaut de Jean Misouart, *qui non fuit repertus Cadomi*
(feuillet 235 du *Registrum pro Conclusionibus*).

138. 2 octobre 1508, Duquesnay (1), *a Quercu* (Guillaume), bachelier en théologie.

139. 24 mars 1508 (1509), Gaudin (Jean), licencié en droit civil *(legum)* et bachelier en théologie *(decretorum)*.

140. 1er octobre 1509, Gauvillet (Jean), maître ès arts et bachelier en théologie.

141. 23 mars 1509 (1510), Le Maistre (Guillaume), maître ès arts et licencié en médecine.

142. 1er octobre 1510, Desbuas, *Desbuatz* (Antoine), maître ès arts et licencié en droit canon.

143. 24 mars 1510 (1511), Malfilastre (2), *Mauffilatre* (Gilles), maître ès arts et licencié ès droits canon et civil.

144. 1er octobre 1511, Dumoys (Guillaume), licencié en droit civil.

145. Mars 1511 (1512), Mallet (3) (Guillaume), bachelier en théologie.

146. Octobre 1512, Lathomi dit Le Masson (4) (Nicolas), licencié en théologie.

147. Mars 1512 (1513), Sandebreul (Nicolas), licencié en théologie.

---

(1) Élu sous le nom de Quesnel, à défaut de Jean Fauvel, *qui non inventus est* (feuillet 241 du *Registrum*).

(2) C'est par le titre illustré de ce recteur que se termine le premier registre en parchemin des Rectories, allant de 1430 à 1510.

(3) Au refus de Jean Fauvel, *qui, recusans, solvit decem Turonenses per judicium intrantium prædicto Mallet.*

(4) C'est à cette date que s'arrête le *Registrum pro Conclusionibus* et le MATROLOGE de l'Université intervertit les rangs ; ainsi, il place *Latomi* ou *Le Masson* après *Osmont* et *Sandebreul*, dont il a ajouté le nom après coup dans l'interligne entre « *Malet* et *Omont*. »

148. Octobre 1513, Osmont (Jean), licencié en droit civil.

149. Mars 1513 (1514), Malherbe (Richard), licencié en droit civil.

150. Octobre 1514, Barrey (Robert), licencié en théologie.

151. 24 mars 1514 (1515), Verglaiz (1) (Marin), maître ès arts et bachelier, puis licencié en médecine.

152. 1er octobre 1515, Léonard, *Leonardus* (2) (Romain), licencié en médecine, curé de Notre-Dame-de-Froide-Rue et chanoine du St-Sépulcre.

153. 15 mars 1515 (1516), Mérié (Laurent), maître ès arts, bachelier en droit civil.

154. 1er octobre 1516, Adeline (Raoul), licencié en théologie.

155. 24 mars 1516 (1517), Le Bourgoys (André), licencié en droit civil.

156. 1er octobre 1517, pour la seconde fois, Lathomi (3) (Nicolas), professeur en théologie.

157. 24 mars 1517 (1518), Le Corsu (Jean), licencié en médecine.

158. 1er octobre 1518, pour la seconde fois, Dumoys (Guillaume), licencié en droit civil.

159. 24 mars 1518 (1519), pour la seconde fois, Le Prevost (Henri), bachelier en théologie.

160. 1er octobre 1519, Duquesnay (4) (Guillaume), docteur en théologie, principal du collège *Bouet.*

---

(1) C'est à la fin de son rectorat que Pierre de Lesnauderie offrit le Matrologe, écrit de sa main (feuillet 44 v° du *Registre des Minutes*).

(2) Appelé *Lienart (Germain)* dans le registre des *Obits* de 1515.

(3) Désigné, dans la liste manuscrite n° 88 de la Bibliothèque de Caen, sous le nom de LE MASSON.

(4) Au refus de Pierre Costart « *qui recusavit et emendam solvit.* »

161. 24 mars 1519 (1520), Richart (Jacques), licencié
     en droit civil.

162. 1er octobre 1520, pour la seconde fois, de Lesnau-
     derie (Pierre), docteur ès droits, auteur du
     Matrologe de l'Université.

163. 23 mars 1520 (1521), des Prés, *De Pratis* (Pierre),
     maître ès arts et licencié en théologie *(in sacrâ
     paginâ)*.

164. Octobre 1521, La Longny (1) (Pierre), docteur ès
     droits.

165. 24 mars 1521 (1522), Barate (Pierre), bachelier
     en droit canon.

166. Octobre 1522, Le Cordier, *Castelanus* (Châtelain),
     licencié en théologie, principal du collège de
     Bouet, puis du collège du Mont.

167. 24 mars 1522 (1523), pour la troisième fois Le
     Prevost (Henri), docteur en théologie.

168. 1er octobre 1522, pour la troisième fois, Du-
     quesnay (2), (Guillaume), doyen et docteur en
     théologie.

169. 19 mars 1523 (1524), Maxienne, *Maxianus*
     (Regnault, *Reginaldus*), licencié en droit canon,
     principal du collège de la Mare, *Mara*, autre-
     ment dit de Gouvix, et du Bois, *de Bosco*.

170. 1er octobre 1524, Cabart (François), docteur ès
     droits canon et civil.

---

(1) Le MATROLOGE intervertit l'ordre de succession et place à tort le
recteur P. BARATE avant LA LONGNY qui, au contraire, le précédait.
Il est l'auteur d'une célèbre « ballade contre les lansquenets allemands. »

(2) Au refus 1° de Regnault Maxienne qui ne comparut pas et 2° de
Jean Bourget, qui paya l'amende.

171. 24 mars 1524 (1525), Lefebvre, *Fabri* (Jacques), licencié en théologie, chapelain de St-Jean de Caen.

172. 2 octobre 1525, Le Sénéchal (1) (Robert), licencié en droit civil, l'un des 12 chapelains de St-Pierre de Caen.

173. 26 mars 1525 (1526), Le Breton, *Britonis* (Thomas), bachelier, puis licencié en droit canon *(in jure pontificio)*.

174. 1er octobre 1526, Du Vergier, *Vergier*, (Jean), licencié en théologie *(sacris in litteris)*.

175. 23 mars 1526 (1527), du Londel, Dulondel (2) (Antoine), licencié en droit civil.

176. 1er octobre 1527, Auvrey (3) (Jean), bachelier en droit canon et régent de philosophie.

(1) Dont le nom ne figurait pas sur la liste, du reste peu soignée, du MATROLOGE DE L'UNIVERSITÉ, et qui y a été ajouté en marge comme l'avaient été, entre les lignes, les noms de quatre autres recteurs. Les actes de *Rob. Le Sénéchal* manquent, du reste, dans le *registre en papier* des Rectories, qui laisse un feuillet blanc entre les rectories de *J. Le Febvre* et de *Thomas Le Breton.*

(2) Les actes de ce recteur manquent encore dans le *registre en papier* des Rectories.

(3) Il fit indiquer ses 25 semaines de rectorat et ses 16 années de professorat par ces deux pédantesques logogriphes, représentant les carrés de 5 et de 4 :

Quadrata quinquies quinque hebdoma-
dibus Rectoria Magistri Johannis
Auvrey in Jure Baccalaurei
Constantiensis Diocesis, etianum

Quater quatuor annis
in Philosophia Regentis

C'est sous ce rectorat qu'eut lieu la 1re fondation du Palinod de Caen, par Jean Le Mercier (feuillet 141 du *registre en papier*).

177. 24 mars 1527 (1528), Morize (Julien), licencié en droit civil.

178. 1er octobre 1528, Rat (Guillaume), bachelier en théologie *(in Christi philosophia).*

179. 20 mars 1528 (1529), Le Grand (Pierre), bachelier en théologie *(in sacris paginis).*

180. 1er octobre 1529, Le Mercier (1) (Geoffroy), docteur ès lois.

181. 9 mars 1529 (1530), Bridel (Jean), licencié en médecine.

182. 1er octobre 1530, Huot (2) (Jean), licencié en médecine.

183. 24 mars 1530 (1531), Jorès, *Jorius* (David), bachelier en théologie *(in sacris litteris).*

184. 2 octobre 1531, de Drosay (3) (Jean), docteur et professeur ès droits.

185. 24 mars 1531 (1532), Roger (4), *Corneriacus* (Jean), docteur en médecine et maître ès arts.

186. 1er octobre 1532, Bougon (Etienne), maître ès arts et bachelier en théologie, chapelain de St-Sauveur de Caen.

---

(1) Encore oublié sur la liste du MATROLOGE.

(2) Nouvelle lacune dans le *registre en papier* des Rectories, dont le cahier du feuillet 160 à 167 contenant les actes de *Jean Huot* manque.

(3) Les actes de *Jean de Drosay* manquent encore dans le *registre en papier.* V. l'ATHENÆ NORMAN., édité par M. C. Benoist.

(4) Il écrivit le récit de la visite que François Ier fit à l'Université de Caen (feuillets 177-185 des *Minutes* des Rectories). Il harangua le roi (V. de Bras, p. 160 des *Recherches et Antiquités de la ville de Caen,* et la *Notice historique sur l'ancienne Université,* par M. J. Cauvet.

187. 24 mars 1532 (1533), Bourget (1) (Jean), licencié
en droit canon *(juris Pontificii)*.

188. 1ᵉʳ octobre 1533, Goulley, *Agathopagite* (Robert),
licencié en théologie *(supermundanis in eloquiis)*.

189. mars 1533 (1534), pour la seconde fois, Du Vergier (2), *Vergier* (Jean), professeur de théologie
(in supramundanâ Facultate theologiæ).

190. 1ᵉʳ octobre 1534, Pellevé (Robert), docteur ès
droits.

191. 24 mars 1534 (1535), Fermyn (André), bachelier
en théologie *(in sacrâ theosophiâ)*.

192. 1ᵉʳ octobre 1535, pour la seconde fois, Le Grand,
Grandis (3) (Pierre), licencié en théologie.

193. 24 mars 1535 (1536), de La Lande (Robert), bachelier en médecine.

194. 5 octobre 1536, Le Porchier *Porcarii* (Nicolas),
bachelier en théologie *(supramundanâ theologo-
rum facultate)*.

195. 24 mars 1536 (1537), Noël, *Natalicii* (Richard),
licencié en droit civil, curé de St-Martin et chapelain de St-Jean de Caen.

196. 1ᵉʳ octobre 1537, Mosque (Jean), bachelier en
théologie.

---

(1) N'ayant pu être découvert par les bedeaux de l'Université, il ne
prêta le serment rectoral qu'après l'Annonciation. Ses actes ne figurent
ni dans le deuxième registre des *Rectoriæ*, en parchemin, ni dans le
registre en papier.

(2) Les actes de la deuxième rectorie de Du Vergier manquent dans
le *registre en papier*.

(3) Il signait *Le Grand* durant son premier rectorat et *Grandis*
durant son second.

197. 23 mars 1537 (1538), Poullain (1) (Richard), licencié en droit.

198. 1er octobre 1538, de Guette (Guillaume), docteur de la faculté de médecine.

199. 24 mars 1538 (1539), Marescot (2) (Raoul), licencié en droit canon.

200. 1er octobre 1539, pour la seconde fois, Jores (3) (David), bachelier en théologie *(in sacris litteris)*.

201. 24 mars 1539 (1540), Hérauld (Rodolphe), bachelier ès droits, professeur de physique au collège Du Bois, curé de St-Ouen de Caen.

202. 1er octobre 1540, Noël (Michel), bachelier en théologie, principal du collège Bouet, puis du collège Du Bois.

203. 24 mars 1540 (1541), Roussel (4) (Quentin), licencié en théologie.

204. 1er octobre 1154, Auvray (Pierre) (5), lic. ès droits.

205. 24 mars 1541 (1542), Guernon (6) (Guillaume), licencié en médecine.

---

(1) Il inscrit en tête de ses actes cette épigraphe : « Solvito pulum et adducito michi », et a fait dessiner un poulain blanc au-dessus de ses titres, dans le grand registre de sa *Rectoriæ.*

(2) Le cahier où devaient figurer les actes des recteurs Marescot, Jores et Hérault a disparu du registre en papier des *Minutes des Rectories* avant même la pagination.

(3) Les actes de la deuxième rectorie de Jores ne se trouvent pas non plus dans le grand registre des *Rectoriæ.*

(4) Rien de ce recteur dans le registre des *Minutes des Rectories.*

(5) Les actes des recteurs *Auvray* et *de Guernon* ne figurent pas sur le registre des *Rectoriæ.*

(6) Aucun de ses actes ne figure sur le registre des *Minutes.* Son nom ne se trouve pas même sur la liste supplémentaire du *Matrologe* de l'Université, feuillet 258.

206. 4 octobre 1542, Brohon (Jean), bachelier en médecine.

207. 17 mars 1542 (1543), pour la seconde fois, Le
Porchier (Nicolas), professeur en théologie.

208. 1er octobre 1543, du Viquet (1), *Viquætius* (Marius),
licencié, puis docteur en médecine.

209. 24 mars 1543 (1544), Le Villain, *Villanus* (Jean),
bachelier en théologie.

210. Octobre 1544, Le Breton, *Brethon* (Jacques (2) ou
Jean), bachelier en théologie.

211. D'Espagnart (3).

(1) Rien de ce recteur dans le registre des *Minutes*; heureusement
que le beau registre grand in-folio des RECTORIÆ contient les actes, les
conclusions et la liste des maîtres et des élèves de ces Recteurs. On
y lit : « *Eiusdem mensis octobris die Mercurii ultimâ, coram decanis*
« *et multis aliis Universitatis proceribus supplicavit* Marius Viquætius,
« *Rector, ut a prandio illo sumptuoso olim a Rectoribus celebrari*
« *solito absolveretur.* » Il donne pour raison que l'usage de ce festin
rectoral était abrogé depuis plus de vingt ans dans l'Université de Paris,
et que, du reste, trois ou quatre de ses prédécesseurs s'étaient dispensés
de l'offrir, sous divers prétextes, entre autres celui de la pénurie : « *Vel*
« *deficientis pecuniæ pretextu.* » Feuillet 455.

(2) Les listes du *Matrologe* et du *manuscrit* 88 de la Bibliothèque
de Caen l'appellent Jean, tandis que le grand registre des RECTORIÆ
lui donne le nom de JACQUES (JACOBUS LE BRETON).

(3) Ce recteur, qui n'est pas mentionné dans le Registre des
Minutes, et qui ne figure pas sur la liste du *Matrologe*, ni par conséquent sur celle du ms. 88 de la Bibliothèque de Caen, doit être
cependant ajouté à la liste des Recteurs et prendre rang entre Jacques
Le Brethon et Jean Godard. C'est en effet au feuillet 160 du grand
registre in-folio des RECTORIÆ, c'est-à-dire entre ces deux rectorats,
qu'on lit :

« Sequuntur nomina et Cognomina eorum qui jurati fuerunt *eo tem-*
« *pore quo* Dominus DE EPEGNART ERAT RECTOR huius Universitatis

212. Mars 1544 (1545), Godard (Jean), licencié en médecine.

213. Octobre 1545, do La Bretonnière (1) (Marius), professeur en médecine.

214. 17 mars 1545 (1546), d'Agier, *Dagerius* (Rodolphe), licencié en médecine.

215. 1er octobre 1546, Mustel, *Mustelius* (Philippe), bachelier en théologie.

216. 24 mars 1546 (1547), Bigot (2) (Gilles), bachelier en théologie.

217. Octobre 1547, Hérault (Rodolphe), licencié ès droits.

218. 24 mars 1547 (1548), Le Hot (Pasquier), licencié ès droits.

219. 1er octobre 1548, Deschamps (3) (Adam), bachelier en théologie.

220. 24 mars 1548 (1549), Morise (4) (Louis), licencié en droit canon.

221. 1er octobre 1549, pour la seconde fois, Mustel (Philippe), docteur en théologie.

222. 24 mars 1549 (1550), Le Bastart (Roger), licencié et docteur en médecine.

« Cadomensis. » Sans autre désignation ni qualification qui puisse dire d'où il était ni quel grade il avait, ni même à quelle faculté il appartenait.

(1) Rien sur ses actes ni dans les *Minutes*, ni dans les Rectoriæ.

(2) Rien sur lui ni sur ses deux successeurs dans le registre des *Minutes*, ni dans le registre des Rectoriæ.

(3) Rien de ce recteur ni de son successeur dans le registre des *Rectoriæ*, qui renvoie au registre en papier des *Minutes* où se trouve en effet, au feuillet 252-255, la liste des gradués de l'Université.

(4) Rien encore des actes de ce recteur ni de ses trois successeurs.

223. 1ᵉʳ octobre 1550, Le Villain (Jean), bachelier en
théologie.

224. 14 mars 1550 (1551), de Houstoville (Gilles),
Egidius, bachelier en théologie.

225. 1ᵉʳ octobre 1551, pour la seconde fois, Bigot (1)
(Gilles), bachelier en théologie.

226. Mars 1551 (1552), Flambart (Jacques), bachelier
en théologie.

227. 1ᵉʳ octobre 1552, Borey (Pierre), bachelier en
médecine.

228. 24 mars 1552 (1553), de Than (2) (Nicolas), licencié en droit canon.

229. 2 octobre 1553, Moysy, *Moscus* (Henri), docteur
en théologie.

230. 17 mars 1553 (1554), Onfroy (3) (Jean), bachelier
en médecine.

231. 1ᵉʳ octobre 1554, Pinson, *Pissonius* (Pierre), bachelier en théologie.

232. 24 mars 1554 (1555), Chrestien (4), *Christianus*
(Jean), bachelier, puis docteur en médecine.

---

(1) Rien non plus de ce recteur ni de son successeur; des feuillets
sont restés en blanc dans le registre des *Minutes* et le registre des
Rectoriæ passe du rectorat de *Gilles de Houstoville* à celui de *Pierre
Borey.*

(2) C'est au 24 juin 1553 que s'arrête le registre des MINUTES DES
RECTORIES.

(3) V. le 43ᵉ des ÉLOGES DES CITOYENS de Caen par Jacq. *de Cahaignes,*
traduction d'un *Curieux,* de Juvigny, 1880.

(4) Rien des actes de ce recteur ni de ses successeurs dans le
grand registre des RECTORIÆ. Au bas de la marge du verso du feuillet
212 on lit : « *Desunt conclusiones* Christiani, Trismontani et Bigotii,
rectorum.

233. Octobre 1555 , de Troismons, *Trismontanus* (Guillaume), bachelier en médecine.

234. Mars 1555 (1556), pour la troisième fois, Bigot (Gilles), docteur en théologie.

235. 1ᵉʳ octobre 1556, Le Brunet (Henri), docteur en médecine.

236. 24 mars 1556 (1557), pour la deuxième fois, de Troismons (1) (Guillaume), bachelier en médecine.

237. 3 octobre 1557, Le Porchier, *Porcarius* (Jacques), bachelier en théologie.

238. 24 mars 1557 (1558), Le Laboureur, *Agricola* (Godefroy), bachelier en théologie.

239. 1ᵉʳ octobre 1558, pour la quatrième fois, Bigot (2) (Gilles), docteur en théologie.

240. Mars 1558 (1559), Marège-Brémont (Béroald), docteur-médecin.

241. 30 septembre 1559 , du Buysson , *Buyssonius* (Jacques), bachelier en médecine.

(1) A la marge du feuillet 214 rᵒ des Rectoniæ, en face de l'élection de ce recteur, on lit ces mots d'une écriture très-pâle : « *Secundùm dictator fuit* idem de Troismonts, *cujus desunt conclusiones.* »

(2) Au bas et en marge du feuillet 224, à la fin des actes de « Le Laboureur » on lit : Ejusdem Bigoti, quartùm rectoris, *conclusiones desunt et ea quæ gessit* Maregius *dùm dictaturam ageret.* » Mais un cahier de quatre feuillets, numérotés 225-228, dont le recto du premier est rempli par des chimères et des amours et autres ornementations de la Renaissance, telles que fleurs, arabesques et guirlandes, a été ajouté au manuscrit des Rectoniæ et donne tous les actes du recteur Béroald Marège-Brémont.

242. 3 mars 1559 (1) (1560), Le Valloys (Nicolas), docteur ès droits.

243. Octobre 1560, Maduel (Adrien), bachelier en théologie.

244. Mars 1560 (1561), de Chanvéry (2) (Réné), docteur
ès droits.

245. Octobre 1561, pour la deuxième fois, Le Laboureur
(Godefroy), bachelier en théologie.

246. Mars 1561 (1562), Hérault (Rodolphe), docteur ès
droits.

247. Octobre 1562, Hérault (Rodolphe), docteur ès
droits.

248. Mars 1562 (1563), Hérault (3) (Rodolphe), docteur
ès droits.

249. Octobre 1563, pour la deuxième fois, de Than
(Nicolas), licencié en droit canon.

250. Mars 1563 (1564), pour la deuxième fois, Moisy (4)
(Henri), docteur en théologie.

251. Octobre 1564, pour la deuxième fois, Le Valloys
(Nicolas), docteur ès droits.

---

(1) Le registre des RECTORIÆ passe de cette date (feuillet 233) au
4 novembre 1563, sous le deuxième rectorat de NICOLAS DE THAN, sans
parler par conséquent des sept rectories qui remplissent cet intervalle.

(2) Les registres des comptes de l'Université manquent à partir de
1561 jusqu'en 1567.

(3) Les guerres de religion ayant dispersé maîtres et élèves, RODOLPHE
HÉRAULT dut rester trois semestres consécutifs.

(4) Le registre des RECTORIÆ passe (feuillet 235) du 24 mars 1563
(1564) au 14 avril 1567, par conséquent sans donner les actes des cinq
recteurs qui séparent la deuxième rectorie (octobre 1563) de la troisième
de Nicolas de Than (mars 1567). Ils ne se trouvent pas non plus dans le
MATROLOGE, qui porte : *hic quinque rectores desunt.*

252. Mars 1564 (1565), Le Paon (Jean), docteur ès droits, curé de Vaucelles.

253. Octobre 1565, pour la troisième fois, Moisy (Henri), docteur en théologie, curé de St-Jean.

254. Mars 1565 (1566), pour la cinquième fois, Bigot.

255. Octobre 1566, pour la deuxième fois, Le Paon (Jean), docteur ès droits.

256. Mars 1566 (1567), pour la troisième fois, de Than (Nicolas), licencié en droit canon.

257. 1er et 2 octobre 1567, Champion (1) (Jean), licencié en droit civil.

258. Mars 1568, pour la quatrième fois, Moisy (2) (Henri), docteur en théologie.

259. Octobre 1568, Le Hot (Pasquier), *Paschasius*.

260. Mars 1569, Lourry (A.).

261. Octobre 1569, Malherbe (3) (Guillaume), docteur ès droits.

262. Mars 1570 (4), ⎫ pour la deuxième fois, Jacques du
263. Octobre 1570, ⎭ Buisson.

(1) La double élection de ce recteur termine le registre des Recto-niæ, à la date du 2 octobre 1567.

(2) Dont la signature figure sur le registre des comptes de 1567-1568, à la place même qu'occupe toujours la signature du recteur arrêtant les comptes, c'est-à-dire la première à gauche. C'est donc à tort que le *Matrologe* de l'Université et la liste du manuscrit 88 de la Bibliothèque de Caen mettent à cette date JACQUES DU BUISSON, dont la signature, mise au bas de la marge des comptes, atteste qu'il ne figure là que comme l'un *des députés* chargés de vérifier les comptes, définitivement arrêtés par la signature du recteur, toujours la première à gauche (V. le compte de 1567-1568 aux *Archives du Calvados*).

(3) V. le dossier du *Collège des Arts*, 1re liasse, pièce 5e.

(4) Les comptes de 1558 à 1571 portent seulement, à chaque distribution de deniers, les mots : « Rectori » ou « pour M. le Recteur »,

264. Mars 1570 (1571), Madeline (François) (1), bachelier en droit canon.

265. Octobre 1571, Le Chevalier (Gervais), bachelier en droit canon, curé de St-Sauveur.

266. Mars 1571 (1572), Hérault (Rodolphe), docteur en droit (mort le 27 août, durant sa quatrième rectorie).

267. Octobre 1572, pour la deuxième fois, Le Chevalier (Gervais), bachelier en droit canon.

268. Mars 1572 (1573), pour la cinquième fois, Moisy (Henri), docteur en théologie.

269. Octobre 1573, pour la troisième fois, du Buisson (Jacques), licencié en théologie.

270. Mars 1573 (1574), Hérembert (Nicolas), licencié en droit civil.

271. Octobre 1574, Durand (Sébastien), bachelier en droit.

272. Mars 1574 (1575), de Cahaignes (Jacques), docteur en médecine (2).

273. Octobre 1575, pour la quatrième fois, du Buisson, *Buissonius* (Jacques), docteur en théologie, curé de Brethevlle.

---

sans ajouter le nom du recteur, qui doit être *Jacques du Buysson* pour la seconde fois. Le Matrologe indique une lacune de dix recteurs « *desunt hic decem* » de 1568 à 1573 et 1574.

(1) V. aux Archives du Calvados, dans une liasse de 80 pièces de la comptabilité de l'Université, cote CCC, le nom de ce recteur qui ne figure pas sur les trois listes connues.

(2) V. la notice par M. le vicomte de B., en tête de sa traduction des *Éloges des citoyens de la ville de Caen*, et l'article de l'*Athenæ Normannorum* du P. Martin, en voie de publication par M. Charles Benoist, dans la collection de la *Société Rouennaise de Bibliophiles*.

274. Mars 1575 (1576), du Buisson ('Tannoguy, *Tani-gius*), licencié et professeur ès droits.

275. Octobre 1576, Jacques (Germain), licencié ès droits.

276. Mars 1576 (1577), pour la troisième fois, Le Valloys, *Valoys* (Nicolas), licencié ès droits.

277. Octobre 1577, Cabart (François), bachelier en droit civil.

278. Mars 1577 (1578), Collet (Jean), licencié ès droits.

279. Octobre 1578, Le Rebours (Richard), bachelier en médecine.

280. Mars 1578 (1579), Michel, *Micaelin* (Nicolas), bachelier en médecine.

281. Octobre 1579, pour la deuxième fois, Le Rebours (Richard), bachelier en médecine.

282. Mars 1579 (1580), du Bouillon, *Bulonius* (Jean), licencié ès droits.

283. Octobre 1580, Onfroy (Étienne), bachelier, puis licencié et docteur en médecine et maître ès arts.

284. Mars 1580 (1581), Du Pré, *Du Pratis* (1) (Charles).

285. Octobre 1581, Le Piccard.

286. Mars 1581 (1582), Le Porchier (2), *de Bons, a Bonis* (Jacques).

---

(1) V. dans le cahier des comptes de *Geoffroy Le Laboureur* pour 1582, intitulé : « *Codex rationum accepti et dati* », les noms des recteurs *Du Prey* ou *Des Prés* et *Le Piccard*, qui ne figurent pas sur la liste du manuscrit de la Bibliothèque de Caen, ni sur les tableaux des recteurs, conservés au secrétariat de l'Académie.

(2) Les cahiers des comptes désignent souvent les recteurs sous le seul nom de la paroisse dont ils sont curés ou seigneurs. Ainsi : Jacques Le Porchier devient *Rector Bons*; Jacques Du Buisson devient *Rector Bretheville*; Jacques Le Maistre *Rector Savigny* ou *Savigneus....*, ce qui peut induire en erreur si l'on n'y regarde de très-près.

287. Octobre 1582, Jacques (1) (Germain).

288. Mars 1583, pour la deuxième fois, Collet (Jean), licencié ès droits.

289. Octobre 1583, du Buisson (Anne, *Annas*) (2).

290. Mars 1584, pour la troisième fois, Jacques (3) (Germain), licencié en théologie.

291. Octobre 1584, pour la quatrième fois, Le Vallois, *Valois* (Nicolas), docteur ès droits.

292. Mars 1585, Crespin (Guillaume), principal du collège des arts.

293. Octobre 1585, Le Neuf (Henri), docteur ès droits.

294. Mars 1586, de Castillon (Philippe), doyen de théologie.

295. Octobre 1686, pour la cinquième fois, du Buisson, (Jacques), curé de Bretheville-l'Orgueilleuse, doyen de théologie.

296. Mars 1587, Le Maistre, seigneur de Savigny, *Savigneius* (Jacques), « qui jacet in ecclesia Fratrum Minorum Cadomi.

297. Octobre 1587, Le Roy (Guillaume), bachelier en théologie.

298. Mars 1588, Janus (Jacques), bachelier ès droits.

299. Octobre 1588, Du Puys (Godefroy), licencié en droit civil.

(1) V. dans le cahier des comptes de 1583 le nom de ce recteur, qui ne figure pas sur les listes à cette date.

(2) V. l'ATHENÆ NORMANNORUM et les notes de l'éloge 85, p. 332 de la traduction des *Éloges des citoyens de la ville de Caen*, par un Curieux.

(3) V. aux Archives du Calvados, le compte de 1584 intitulé : « *Elenchus rationum ærariæ quæsturæ factæ* à Magistro Geofredo Agricola (*Geoffroy le Laboureur*).

300. Mars 1589, Salley, *Salé* (Robert), bachelier en théologie.

301. Octobre 1589, pour la quatrième fois, Jacques (Germain), docteur en théologie, curé de St-Pierre de Caen.

302. Mars 1590, pour la troisième fois, Le Paon (Jean), docteur ès droits.

303. Octobre 1590, pour la deuxième fois, Janus (Jacques), bachelier ès droits.

304. Mars 1591, pour la deuxième fois, Le Roy (Guillaume), docteur ès droits.

305. Octobre 1591, pour la deuxième fois, Salley (Robert), docteur ès droits.

306. Mars 1592, pour la deuxième fois, Le Maistre de Savigny (Jacques).

307. Octobre 1592, Le Chevalier (Noel, *Natalis*), bachelier en théologie.

308. Mars 1593, de Frébourg (Charles), licencié en droit civil.

309. Octobre 1593, Des Rues, *Rutanus* (Pierre).

310. Mars 1594, Huillart (François), licencié en médecine.

311. Octobre 1594, pour la troisième fois, Janus (Jacques), licencié ès droits.

312. Mars 1595, pour la sixième fois, du Buysson (Jacques), docteur en théologie.

313. Octobre 1595, Sybille (Guillaume), bachelier en médecine.

314. Mars 1596, Fleury, *Floridus* (Henry), licencié ès droits.

315. Octobre 1596, Colin (Claude), principal du collège Du Mont et professeur royal de littér. grecque.

316. Mars 1597, pour la deuxième fois, Le Chevalier
(Noël), professeur ès arts.

317. Octobre 1597.

318. Mars 1598, Jouan (Pierre), docteur ès droits, curé
de St-Sauveur de Caen, où son corps a été
inhumé en 1612.

319. Octobre 1598 (1).

320. Mars 1599, Lozon (2).

321. Octobre 1599, ⎫ Le Boucher (Michel), docteur ès
322. Mars 1600, ⎭ droits.

323. Octobre 1600, Salley, *Salæus* (Philippe).

324. Mars 1601, Guillebert (Guillaume), licencié ès
droits, curé de St-Étienne de Caen.

325. Octobre 1601, pour la deuxième fois, Des Rues
(Pierre), professeur ès droits, curé de St-Julien
de Caen, puis de St-Michel de Vaucelles, où il
fut inhumé en 1630.

326. Mars 1602, De Caen (Enguerand), bachelier en
théologie.

327. Octobre 1602, Sillère, *Sillière* ou *Pillière* (Jean-
Girard), bachelier en théologie.

328. Mars 1603, Vasnier (3) (Gilles), bachelier en
théologie.

---

(1) V. aux Archives du Calvados, l'acte en parchemin intitulé :
« *Adjonction de* l'Université de Paris à l'Université de Caen, le 5 janvier 1500, pour deffendre au Conseil à ce que les officiers ne soient point
enrollés à payer taille ny autres subsides. » Au bas de cet acte figure
la signature du recteur de Paris ; le nom du recteur de Caen n'y est pas.

(2) V. le premier alinéa du premier feuillet du *Registre* des « *testi-
moniales* » et *des réceptions de licenciés*, de 1500 à 1617.

(3) Il harangua Henri IV et Marie de Médicis à leur entrée à Caen,
le 13 septembre 1603.

329. Octobre 1603, de Guernon (Jean), professeur ès
droits.

330. Mars 1604, pour la deuxième fois, Colin du Prignon (Claude), professeur ès arts, licencié en
droit civil.

331. Octobre 1604,) Du Hamel (Antoine), licencié ès
332. Mars 1605,   )   droits.

333. Octobre 1605, Savary (Pasquier), professeur en
théologie.

334. Mars 1606, pour la troisième fois, Colin du
Prignon (Claude), professeur ès arts.

335. Octobre 1606, du Moustier.

336. Mars 1607, pour la quatrième fois, Colin du Prignon (Claude), élu prieur de l'Hôtel-Dieu à la
demande de Henri IV.

337. Octobre 1607, Gosselin (Antoine), professeur au
collège Du Bois.

338. Mars 1608, pour la troisième fois, Des Rues
(Pierre), alternativement doyen du droit canon
(1606) et du droit civil (1607).

339. Octobre 1608, Macer, *Lemaigre* (Marc), professeur
au collège Du Bois.

340. Mars 1609, de Cahaignes (Jacques), docteur en
médecine.

341. Octobre 1609, pour la deuxième fois, de Guernon
(Jean), professeur ès droits, curé de Vaucelles.

342. Mars 1610, pour la deuxième fois, Savary (Pasquier), docteur et professeur en théologie.

343. Octobre 1610, Romery, *Du Mesnil Romery* (Marc-
Antoine).

344. Mars 1611, Jacques (Germain), doyen en théologie,
curé de St-Pierre, principal du collège du Cloutier.

345. Octobre 1611, pour la quatrième fois, Des Rues (Pierre), docteur.

346. Mars 1612, pour la deuxième fois, de Cahaignes (Jacques), docteur et professeur en médecine.

347. Octobre 1612, pour la troisième fois, de Guernon (Jean), professeur ès droits.

348. Mars 1613, pour la troisième fois, Savary (Pasquier), docteur et professeur en théologie.

349. Octobre 1613, ⎱ pour la cinquième fois, Des
350. Mars 1614, ⎰ Rues (1) (Pierre).

351. Octobre 1614, ⎱ pour la deuxième fois, Jacques
352. Mars 1615, ⎰ (Germain), doyen en théologie.

353. Octobre 1615, ⎱ de Brix, *Brixæus* (Jean), pro-
354. Mars 1616, ⎰ fesseur de philosophie.

355. Octobre 1616, ⎱ pour la quatrième fois, de Guer-
356. Mars 1617, ⎰ non (Jean), prof' ès droits.

357. Octobre 1617, ⎱ pour la sixième fois, Des Rues
358. Mars 1618, ⎰ (Pierre), docteur ès droits.

359. Octobre 1618, ⎱ Boëda, *Bœda* (André), docteur
360. Mars 1619, ⎰ et professeur de théologie.

361. Octobre 1619, pour la cinquième fois, de Guernon (Jean), professeur ès droits.

362. Mars 1620, ⎱ Boisteau (Pierre), professeur ès
363. Octobre 1620, ⎰ arts.

364. Mars 1621, ⎱ pour la quatrième fois, Savary
365. Octobre 1621, ⎰ (Pasquier), doyen de la Faculté
366. Mars 1622, ⎰ de théologie.

367. Octobre 1622, Raoulin, *Rolin* (Louis), licencié ès droits, maître ès arts, curé de St-Sauveur de Caen.

(1) V. le feuillet 5 v° du deuxième *Registre des réceptions de licenciés* (1613-1637).

368. Mars 1623, Du Pré (Jacques), professeur en théologie.

369. Octobre 1623, pour la deuxième fois, Boisteau (Pierre), professeur ès arts.

370. Mars 1624, Halley (Antoine), professeur en droit canon.

371. Octobre 1624, pour la deuxième fois, Boüda (1) (André), docteur et professeur en théologie, curé de St-Martin de Caen.

372. Mars 1625,
373. Octobre 1625, } Guillebert (Guillaume), licencié ès droits, curé de St-Étienne de Caen.

374. Mars 1626, pour la cinquième fois, Colin de Prignon (2) (Claude), professeur ès arts.

375. Sept. et oct. 1626,
376. Mars 1627, } Duchemin (3) (Nicolas), bachelier et professeur en théologie.

377. Octobre 1627,
378. Mars 1628, } pour la septième fois, Des Rues (Pierre), docteur ès droits.

379. Octobre 1628,
380. Mars 1629, } pour la sixième fois, de Guernon (Jean), professeur ès droits.

381. Octobre 1629,
382. Mars 1630, } Auquetin (Jacques), bachelier en théologie, principal du collège du Cloutier.

(1) C'est sous ce rectorat, à partir du 27 janvier 1625, que les candidats apposèrent leur signature sur le registre au-dessous de leur inscription.

(2) Mort de la peste le 22 septembre 1626, et enterré sans pompe dans le vestibule de St-Sauveur de Caen.

(3) Qui figure, dès le 6 septembre 1626, comme *recteur*, sur le cahier des comptes de Guillaume Hébert, receveur des deniers communs de l'Université.

383. Octobre 1630, } Le Bidois (Toussaint, *Tussanus*),
384. Mars 1631, } proviseur du collège des arts.

385. Octobre 1631, } Laignel (Nicolas), bachelier en
386. Mars 1632, } théologie.

387. Octobre 1632, } pour la deuxième fois, Duchemin
388. Mars 1633, } (Antoine-Nicolas), professeur
de philosophie.

389. Octobre 1633, } les pièces comptables et les re-
390. Mars 1634, } gistres des *Conclusions* manquent
pour ces deux années.

391. Octobre 1634, } Hébert (1) (Jacques), doyen de la
392. Mars 1635, } Faculté de médecine.

393. Octobre 1635, pour la deuxième fois, Le Bidois
(Toussaint), doyen et professeur ès arts.

394. Mars 1636, Le Pyonnier (Denis), docteur en droit
canon.

395. Octobre 1636, } Gosselin (Antoine), doyen, pro-
396. Mars 1637, } fesseur du Roi, principal du
397. Octobre 1637, } collège Du Bois et curé de
N.-D.-de-Froide-Rue.

398. Mars 1638, } Auber (Jean), professeur de rhé-
399. Octobre 1638, } thorique au collège Du Bois.

400. Mars 1639, } Halley, *Hallæus* (Pierre), docteur
401. Octobre 1639, } ès droits et prof d'éloquence.

402. Mars 1640, } Gaudin (Gilles), docteur en mé-
403. Octobre 1640, } decine.

404. Mars 1641, } pour la troisième fois, Boëda
405. Octobre 1641, } (André), docteur et doyen per-
pétuel de théologie.

---

(1) Il mourut le 10 décembre 1638 et fut inhumé dans l'église de St-Michel de Vaucelles.

406. Mars 1642,
407. Octobre 1642, } pour la deuxième fois, Du Pré (Jacques), docteur en théologie.

408. Mars 1643,
409. {Octobre 1643,
{Mars 1644, } Halley (1) (Henri), professeur ès droits.

410. 4 avril 1644,
411. 1er octobre 1644, } Baron (Pierre-Louis), profr de philosophie au collège des arts, curé de N.-D.-de-Froide-Rue.

412. Mars 1645, Gosselin (2) Antoine), professeur d'éloquence et principal du collège Du Bois.

413. 30 sept. 1645,
414. Mars 1646, } Le Maistre (3) (Julien), bachelier en théologie et profr ès arts.

415. Octobre 1646,
416. Mars 1647, } pour la deuxième fois, Halley (4) (Antoine), profr d'éloquence et principal du collège Du Bois.

417. Octobre 1647,
418. Mars 1648, } Renard (Julien), licencié en droit canon, professeur de philosophie au collège Du Bois.

419. Octobre 1648,
420. Mars 1649, } pour la deuxième fois, Baron (5) (Pierre-Louis), bachelier en théologie.

(1) Il fut déposé le 4 avril 1644.

(2) Mort le 17 mai et inhumé au milieu du chœur de N.-D.-de-Froide-Rue (V. l'*Athenæ Normannorum*).

(3) C'est sous son rectorat que Thomas Corneille passa sa licence, le 20 mai 1646 (V. son inscription autographe au *Registre des Réceptions*).

(4) Il réédita, en 1686, les poésies latines de Jean Rouxel, dont il mit le portrait en tête de son édition (V. l'*Athenæ Normannorum*, édition de M. Ch. Benoist, en voie de publication par la SOCIÉTÉ ROUENNAISE *de Bibliophiles*).

(5) C'est sous son rectorat que Nicolas Heinsius, de Leyde, passa sa licence à Caen, le 5 octobre 1646.

421. Octobre 1649 ,
422. Mars 1650 ,
}
Beaussieu (Robert), docteur, professeur et doyen de théologie, curé de Langrune.

423. Octobre 1650 ,
424. Mars 1651 ,
}
Baudry (Jean-Baptiste), prof' de rhétorique au collège Du Bois.

425. Octobre 1651 ,
426. Mars 1652 ,
427. Octobre 1652 ,
}
de Hays, *Haisius* (1) de La Motte (Gilles), professeur d'éloquence au collège des arts.

428. Mars 1653 , de Saint-Martin (2) (dit de la calotte) (Michel), docteur en théologie de l'Université de Rouen.

429. Octobre 1653 ,
430. Mars 1654 ,
}
Dauge (Thomas) (3), bachelier en théologie.

431. Octobre 1654 ,
432. Mars 1655 ,
}
Legrand (Claude), docteur en théologie.

433. Octobre 1655 ,
434. Mars 1656 ,
}
Le Marchand, *Marcantius* (André), docteur et doyen de théologie.

435. 2 Octobre 1656,
436. Mars 1657 ,
437. Octobre 1657 ,
}
de La Porte (Bernardin), docteur et professeur de théologie.

438. 26 Mars 1658,
439. Octobre 1658 ,
440. Mars 1659 ,
}
Vérel (Robert), docteur et professeur de philosophie.

441. 3 Octobre 1659, Gonfray, *Gonfræus* (Michel), docteur ès droits.

---

(1) L'avant-dernier jour de son rectorat, il subit son examen de licence (V. feuillet 148 du troisième *Registre des Réceptions*, à la date du 22 mai 1653.

(2) Le héros ridicule de la *Mandarinade*.

(3) Appelé THOMAS, lors de sa nomination, au feuillet 62 v° du *Registre des Conclusions*, et NICOLAS, lors de son remplacement, au v° du feuillet 74.

442. Mars 1660,
443. Octobre 1660,
444. Mars 1661,
} Vengeons (Pierre), professeur d'éloquence au collège Du Bois.

445. 3 Octobre 1661,
446. Mars 1662,
} pour la troisième fois, Halley (Antoine), principal du collège Du Bois et profr d'éloquence.

447. Octobre 1662,
448. Mars 1662,
449. Octobre 1663,
} pour la deuxième fois, Legrand (Cl.), doctr et doyen de théol., archiprêtre, official de Caen.

450. Mars 1664, Cally (1) (Pierre), professeur de philosophie au collège Du Bois.

451. Octobre 1664,
452. Mars 1665,
} Le Marchand (Jean), docteur et professeur en médecine.

453. Octobre 1665,
454. Mars 1666,
455. Octobre 1666,
} Le Verrier (Marin), professeur d'éloquence et de littérature grecque au collège des arts.

456. Mars 1667,
457. Octobre 1667,
458. Mars 1668,
} Pyron (2) (Guillaume), professeur d'éloquence au collège Du Bois.

459. Octobre 1668,
460. Mars 1669,
461. Octobre 1669,
} pour la deuxième fois, Cally (Pierre), professeur de philosophie au collège Du Bois.

462. Mars 1670,
463. Octobre 1670,
464. Mars 1671,
} Le Tellier (Jean), bachelier en théologie et professeur d'humanités au collège Du Bois.

465. Octobre 1671,
466. Mars 1672,
467. Octobre 1672,
468. Mars 1673,
469. Octobre 1673,
} pour la deuxième fois, Pyron (Guillaume), professeur royal d'éloquence et de grec au collège Du Bois.

(1) V. l'Athenæ Normannorum.
(2) Ibid.

470. Mars 1674,	pour la troisième fois , Cally
471. Octobre 1674,	(Pierre), professeur de philo-
472. Mars 1675,	sophie au collège Du Bois.
473. Octobre 1675,	pour la deuxième fois , Vérel
474. Mars 1676,	(Robert), docteur et professeur
475. Octobre 1676,	de théologie.
476. Mars 1677,	pour la quatrième fois , Cally
477. Octobre 1677,	(Pierre), professeur de philo-
478. Mars 1678,	sophie au collège Du Bois.
479. Octobre 1678,	Malouin (Jacques), docteur en
480. Mars 1679,	théologie, curé de St-Étienne
481. Octobre 1679,	de Caen.
482. Mars 1680,	Le Petit (Françsois), professeur
483. Octobre 1680,	en droit.
484. Mars 1681,	
485. Octobre 1681,	Cousin (Jean), docteur en théo-
486. Mars 1682,	logie.
487. Octobre 1682,	
488. Mars 1683,	pour la cinquième fois, Cally
489. Octobre 1683,	(Pierre), professeur de philo-
490. Mars 1684,	sophie au collège Du Bois.
491. Octobre 1684,	pour la deuxième fois, Malouin (1) (Jacques), docteur en théologie,
492. Mars 1685,	curé de St-Étienne de Caen et principal du collège Du Bois.
493. Octobre 1685,	pour la deuxième fois, Le Tellier
494. Mars 1686,	(Jean), doyen de la Faculté des arts.

(1) C'est sous son rectorat qu'eut lieu à l'église des Cordeliers la grande cérémonie, lors de l'érection de la statue de Louis XIV sur la place Royale, le 28 septembre 1685.

495. Octobre 1686, pour la troisième fois, Malouin (1)
(Jacques).

496. {17 janvier 1687,} pour la deuxième fois, Cousin
    {Mars 1687,   } (Jean), docteur en théologie.

497. Octobre 1687, } Fleury (2) (Pierre), docteur ès
498. Mars 1688,   } droits, chanoine du St-Sépulcre
499. Octobre 1688, } de Caen.

500. Mars 1689,   } pour la deuxième fois, Gonfrey
501. Octobre 1689,   } (Michel), docteur ès droits.
502. 1er avril 1690, }

503. 2 Octobre 1690, } pour la deuxième fois, Le Petit
504. Mars 1691,   } (François), profess. ès droits.
505. Octobre 1691,   }

506. Mars 1692,   } Aubert (Georges), bachelier en
507. Octobre 1692, } théologie, professeur de philo-
508. Mars 1693,   } sophie au collège des arts.

509. Octobre 1693, } Coquerel (Jean-Baptiste), docteur
510. Mars 1694,   } en théologie.
511. Octobre 1694, }

512. Mars 1695,   } Maheult de Vaucouleur (Jacques),
513. Octobre 1695, } professeur ès droits.

514. Mars 1696,   } pour la deuxième fois, Aubert
515. Octobre 1696, } (Georges), professeur de phi-
516. Mars 1697,   } sophie au collège des arts.

517. Octobre 1697, pour la troisième fois, Le Petit
(François), professeur ès droits.

(1) Ex decreto Regis consilii destitutus (28 décembre).

(2) Deux fois réélu, malgré la protestation du sieur Guillaume
Amey, qui soutenait que les recteurs ne devaient pas être réélus à
l'expiration de leurs six mois réglementaires.

518. Mars 1698,	de Gouët du Hamel (Thomas), bachelier en théologie, professeur de philosophie au collège Du Bois.
519. Octobre 1698,	
520. Mars 1699,	pour la deuxième fois, Aubert (1) (Georges), doyen de la Faculté des arts.
521. Octobre 1699,	
522. Mars 1700,	
523. Octobre 1700,	Hallot (Jean), professeur d'éloquence au collège Du Bois.
524. Mars 1701,	
525. Octobre 1701,	
526. Mars 1702,	pour la deuxième fois, de Gouët du Hamel (Thomas), bachelier en théologie, professeur de philosophie au collège Du Bois.
527. 2 Octobre 1702,	
528. Mars 1703,	
529. Octobre 1703,	pour la troisième fois, Aubert (Georges), bachelier en théologie, professeur de philosophie au collège Du Bois.
530. Mars 1704,	
531. Octobre 1704,	
532. Mars 1705,	pour la deuxième fois, Hallot (Jean).
533. Octobre 1705,	
534. Mars 1706,	
535. Octobre 1706,	Le Chanoine (Louis-Jacques-Joseph), docteur en théologie.
536. Mars 1707,	
537. Octobre 1707,	
538. Mars 1708,	Coquerel (Jean-Baptiste), docteur en théologie.
539. Octobre 1708,	
540. Mars 1709,	

(1) C'est sous son rectorat qu'eut lieu, le 18 septembre 1699, l'enregistrement du nouveau règlement contenant les soixante-douze articles des statuts de l'Université, établis par les commissaires nommés par Louis XIV, en date du 7 janvier 1699.

4

541. Octobre 1709,	Le Chartier (Jean), professeur
542. Mars 1710,	d'humanités et de langue
543. Octobre 1710,	grecque au collège des arts.
544. Mars 1711,	pour la troisième fois, Hallot
545. Octobre 1711,	(Jean).
546. Mars 1712,	
547. Octobre 1712,	Turpin (1) (Charles), bachelier en
	théologie.
548. 24 Nov. 1712,	pour la quatrième fois, Aubert
549. Mars 1713,	(Georges), bachelier en théo-
550. Octobre 1713,	logie.
551. Mars 1714,	pour la deuxième fois, Le Chartier
552. Octobre 1714,	(Jean), professeur d'humanités
	et de langue grecque.
553. Mars 1715,	pour la quatrième fois, Hallot
554. Octobre 1715,	(Jean).
555. Mars 1716,	
556. Octobre 1716,	Regnauld (Jacques), docteur en
557. Mars 1717,	théologie, curé de St-Martin
558. Octobre 1717,	de Caen.
559. Mars 1718,	Buffard (Gabriel-Charles), doc-
560. Octobre 1718,	teur en théologie, curé de Ste-
561. Mars 1719,	Paix (2).

(1) Qui mourut le 19 novembre.

(2) Il fut continué, sans élection, *ob dissensionem electorum*, durant son troisième semestre, par *arrêt* du Parlement de Rouen, dont il partageait les principes sur les libertés de l'*Église gallicane*, et dont il fit enregistrer, le 1er mars 1719, l'arrêt rendu, le 8 février de la même année, contre des *lettres monitoriales* de Clément XI, affichées à Rome le 8 septembre 1718, qui prescrivaient à tous les fidèles obéissance absolue, *omnimodam obedientiam*, à la constitution UNIGENITUS et les déclarant *abusives*.

562. Octobre 1719,
563. Mars 1720,
564. Octobre 1720,
} pour la cinquième fois, Hallot (Jean).

565. Mars 1721,
566. Octobre 1721,
567. Mars 1722,
} Crevel (Jacques), professeur de droit français.

568. Octobre 1722,
569. Mars 1723,
570. Octobre 1723,
} Vicaire (Philippe), docteur en théologie, curé de St-Michel de Vaucelles et plus tard de St-Étienne (1).

571. Mars 1724,
572. Octobre 1724,
573. Mars 1725,
} Boullard (Charles), docteur et professeur en médecine.

574. Octobre 1725,
575. Mars 1726,
576. Octobre 1726,
} Loüet (2) (René), bachelier en théologie, professeur d'éloquence au collège Du Bois.

577. Mars 1727,
578. Octobre 1727,
579. Mars 1728,
} De La Rüe (Pierre), professeur de philosophie aux arts, proviseur du collège Du Bois.

580. Octobre 1728,
581. Mars 1729,
582. Octobre 1729,
} pour la deuxième fois, Boullard (Charles), professeur royal de médecine.

(1) Continué comme recteur par lettres de cachet du Roi, datées du 15 mars, à Versailles.

(2) C'est sous son rectorat que, sur la demande du sieur Marescot, au nom de la Faculté de médecine, l'Université vota, le 18 février 1726, une allocation de 40 livres par an, pendant quatre années, pour avoir un *jardin des plantes*.

Il fit se rétracter, le 4 juillet 1726, l'Université de l'appel au prochain concile contre la bulle *Unigenitus*, et biffer les délibérations des 19 et 25 novembre 1718 et 30 janvier 1719, prises sous le rectorat de Buffard, official de l'abbaye de Fécamp et curé de Ste-Paix de Caen.

583. Mars 1730, Épidorge (Nicolas), docteur en théologie, professeur de rhétorique au collège des arts.

584. Octobre 1730,
308. 3 Av. (Mars) 1731 } de Than (1) (Robert ou Pierre), professeur de philosophie au collège Du Bois.
586. Octobre 1731,

587. Mars 1732,
588. Octobre 1732, } pour la deuxième fois, De La Rüe (Pierre).
589. Mars 1733, } Poignavant (Richard), suppléant le recteur.

590. Octobre 1733,
591. Mars 1734, } pour la deuxième fois, Loflet (René), bachelier en théologie, professeur de rhétorique au collège Du Bois.
592. Octobre 1734,

593. Mars 1735,
594. Octobre 1735, } Beljambe de Longrais (2) (Alexre), professeur en médecine.
595. Mars 1736,

(1) Sous son rectorat, le collège du CLOUSTIER fut réuni à l'Université, par lettres-patentes du Roi datées de Versailles en avril 1731, pour faciliter la fondation d'une bibliothèque publique et l'entretien d'un bibliothécaire, nommé par l'assemblée générale de l'Université.

C'est aussi sous ce recteur qu'il fut décrété, le 18 mai 1731, que la distribution des prix du PALINOD se ferait publiquement sur le puy, le jour de la Conception, immédiatement après la lecture des meilleures pièces, choisies parmi celles qui devraient être adressées, dans le courant d'octobre, au secrétaire de l'Université, *bien écrites et bien orthographiées*, sans nom d'auteurs ni autres désignations qu'une sentence ou quelque chiffre.

(2) Sous ce recteur fut prise la décision de l'Université pour l'achat d'un *jardin des plantes*, moyennant 4,000 livres, dont 2,000 livres avaient été données par le cardinal Fleury et 1,200 par la ville de Caen, en échange de la place Dauphine.

596. Octobre 1736, 597. Mars 1737, 598. Octobre 1737,	pour la troisième fois, De La Rüe (Pierre).
599. Mars 1738, 600. Octobre 1738,	Boudin (Philippe), docteur en théologie, curé de St-Martin de Caen.
601. Mars 1739, 602. Octobre 1739, 603. Mars 1740,	pour la deuxième fois, de Than (Pierre), professeur de philosophie au collège Du Bois. Poignavant suppléant le recteur.
604. Octobre 1740, 605. Mars 1741, 606. Octobre 1741,	(Godefroy (1) (Jean-Charles), licencié ès droits, professeur de rhétorique au collège des arts.
607. 25 Nov. 1741, 608. Mars 1742, 609. Octobre 1742,	pour la quatrième fois, De La Rüe (Pierre).
610. 23 Mars 1743, 611. Octobre 1743, 612. Mars 1744,	Le Caval (2) (Jean-Louis), docteur et professeur de théologie.
613. Octobre 1744, 614. Mars 1745, 615. Octobre 1745,	Buquet (Pierre), proviseur au collège des arts, curé de St-Sauveur et bibliothécaire de l'Université.

(1) Il abdiqua le 25 novembre 1741, en raison de ses affaires privées, qui l'obligeaient à suivre un procès au Parlement de Rouen. Voir aux feuillets 39, 40, 41 et 42 du *Registre des Conclusions* (1734-1742) les vifs débats entre ce recteur et le sieur Michel, principal du *collège des arts*, qui s'opposa énergiquement à la représentation du « *Légataire universel* » de Regnard, qui fut proscrite par la *Faculté de théologie*, comme « contraire aux bonnes mœurs et à l'éducation de la jeunesse. »

(2) C'est durant son rectorat que parut le décret des Facultés des droits, défendant le port d'armes et d'épées aux écoliers, le 24 juillet 1744.

616. Mars 1746,
617. Octobre 1746, } Le Guay (Thomas-François), pro-
618. Mars 1747, } fesseur de philosophie au collège Du Bois.

619. Octobre 1747,
620. Mars 1748, } pour la cinquième fois, De La
621. Octobre 1748, } Rue (Pierre).

622. Mars 1749,
623. Octobre 1749, } Le Clerc de Beauberon (Nicolas-
624. Mars 1750, } François), professeur de théologie.

625. Octobre 1750,
626. Mars 1751, } pour la deuxième fois, Le Caval
627. Octobre 1751, } (Louis), professeur de théologie.

628. Mars 1752,
629. Octobre 1752, } de Boisno (1) (Jean-François),
630. Mars 1753, } professeur d'éloquence au collège Du Bois.

631. Octobre 1753,
632. Mars 1754, } Terrée (Pierre), professeur de
633. Octobre 1754, } philosophie au collège des
arts.

634. Mars 1755,
635. Octobre 1755, } pour la deuxième fois, Buquet
636. Mars 1756, } (Pierre), docteur en théologie, curé de St-Sauveur et
principal du collège des arts.

637. Octobre 1756,
638. Mars 1757, } pour la deuxième fois, Le Guay
639. Octobre 1757, } (Thomas-François), profr de
philosophie au collège Du Bois.

640. Avril 1758,
641. Octobre 1758, } pour la deuxième fois, Terrée
642. Mars 1759, } (Pierre), professeur de philosophie au collège Du Bois.

(1) Il mourut le 26 septembre, quatre jours avant la fin de son troisième semestre.

643. Octobre 1759, \
644. Mars 1760, } Desmoueux (Charles-Nicolas),
645. Octobre 1760, / professeur royal en médecine
et de botanique.

646. Mars 1761, \
647. Octobre 1761, } Le Paulmier (Jean-Jacques-
648. Mars 1762, / Georges), professeur royal ès
droits.

649. Octobre 1762, \
650. Mars 1763, } Lentaigne (Jacques), docteur en
651. Octobre 1763, / théologie, curé de St-Sauveur,

652. Mars 1764, \
653. Octobre 1764, } Hardoüin (Jean-Baptiste-Al^dre),
654. Mars 1765, / licencié ès droits, proviseur du
collège des arts.

655. Octobre 1765, \ Godard (Jean-Jacques-François),
656. Mars 1766, } licencié ès droits, professeur
657. Octobre 1766, / royal d'éloquence et proviseur
du collège du Mont.

658. 24 mars 1767, Levêque (1).

659. 25 avril 1767, pour la deuxième fois, Lentaigne (2)
(Jacques), docteur en théologie.

660. 1er Octobre 1767, \ pour la deuxième fois, Hardoüin
661. Mars 1768, } (Jean-Baptiste-Alexandre), li-
662. Octobre 1768, / cencié ès droits.

663. 5 Avril 1769, \ pour la deuxième fois, Le Clerc
664. Octobre 1769, } de Beauberon (Nicolas-Fran-
665. Mars 1770, / çois).

666. Octobre 1770, \ Bellenger (Thomas), professeur
667. Mars 1771, } d'éloquence au collège Du
668. Octobre 1771, / Bois.

(1) Voir au feuillet 19 du Registre des certificats des recteurs (1752-
1790) le nom de ce recteur, qui ne figure pas sur les listes connues.

(2) Il se démit le 29 septembre.

669. Mars 1772,	Le Cocq de Biéville (Jean-Louis-Pierre), professeur ès droits.
670. Octobre 1772,	
671. Mars 1773,	
672. Octobre 1773,	Louvel (Jacques), prof^r royal de langue grecque et d'éloquence au collège des arts.
673. Mars 1774,	
674. Octobre 1774,	
675. Mars 1775,	pour la deuxième fois, Bellenger (Thomas), professeur d'éloquence au collège Du Bois.
676. Octobre 1775,	
677. Mars 1776,	
678. Octobre 1776,	Villers (Joseph-Jacques), docteur en théologie et professeur d'humanités au collège Du Bois.
679. Mars 1777,	
680. Octobre 1777,	
681. Mars 1778,	pour la deuxième fois, Le Paulmier (Jean-Jacques-Georges), professeur ès droits.
682. Octobre 1778,	
683. Mars 1779,	
684. Octobre 1779,	Coquille - Deslonchamps (Jean-Henri-François), professeur d'éloquence au collège Du Bois.
685. Mars 1780,	
686. Octobre 1780,	
687. Mars 1781,	Godeffroy (Jean - Charles - Antoine), docteur en théologie et professeur au collège du Mont.
688. Octobre 1781,	
689. Mars 1782,	
690. Octobre 1782,	Duchemin (1) (Jean-Baptiste), professeur de philosophie au collège des arts.
691. Mars 1783,	
692. Octobre 1783,	

(1) Sous son rectorat, parurent les lettres-patentes du Roi, datées de Fontainebleau, en novembre 1783, confirmant la réunion du *collège du Mont* à l'Université de Caen, ordonnée par l'arrêt du Parlement de Rouen, en date du 5 mars 1763.

693. Mars 1784,
694. Octobre 1784,
695. Mars 1785,
696. Octobre 1785,
697. Mars 1786,
698. Octobre 1786,
699. Mars 1787,

} Chibourg (1) (Pierre-Joseph), docteur régent en la Faculté de médecine.
Mac Parlan, vice-recteur.
Le Clerc de Beauberon, pro-recteur.

(1) Durant le troisième semestre de son rectorat, il reçut une lettre du Garde des Sceaux, intimant l'ordre du Roi à l'Université de ne procéder à aucune élection de recteurs ni de doyens jusqu'à nouvel ordre.

C'est sous la féconde administration de ce recteur que Louis XVI donna de nouveaux statuts contenant 88 articles, par lettres-patentes datées de Versailles, en août 1786, et élevant considérablement les émoluments des différents membres de l'Université.

Il se démit le 28 septembre 1787, à la fin de son septième semestre, dans la séance où il offrit le portrait du roi Louis XVI, pour être provisoirement déposé dans l'appartement du recteur au *collège royal de Normandie.*

Il est suppléé d'abord par Mac Parlan, puis par l'abbé Le Clerc de Beauberon, *vice-recteur* de droit en sa qualité de *doyen de la Faculté de théologie,* qui, le 10 octobre 1787, lors de la rentrée solennelle de l'Université, fut nommé *pro-recteur* par le syndic général; car ce dernier protesta contre la prétendue élection « faite clan-« destinement, le 1er dudit mois, de M. Nicolas Tyrard-Deslongschamps, « comme abusive, radicalement nulle, irrégulière, contraire aux « dispositions des arrêts de la Cour et arrêtés du général de l'Université, « attentatoire enfin à l'autorité du Roi. » Enfin, le 22 novembre 1787, M. de Lamoignon écrit à MM. de l'Université que Sa Majesté approuve « qu'ils procèdent à toutes les élections et nominations, « suivant les formes prescrites tant par les lettres-patentes de novembre « 1788 que par l'édit d'août 1786. » En conséquence, le 27 novembre, le pro-recteur assemble l'Université pour procéder à l'enregistrement de la susdite lettre et à la prompte exécution des ordres de Sa Majesté, et le lendemain, 28 novembre, M. *Tyrard-Deslongschamps* est élu recteur.

700. 28 Nov. 1787,	Tyrard-Deslongschamps (Nicolas-François), bachelier en théologie, professeur de rhétorique au collège du Mont.
701. Mars 1788,	
702. Octobre 1788,	
703. Mars 1789,	Beaumont (Pierre), professeur d'éloquence au collège Du Bois.
704. Octobre 1789,	
705. Mars 1790,	
706. Octobre 1790,	Rouelle (Pierre), professeur de langue grecque.
707. Mars 1791,	

Cette liste des recteurs a été établie d'après les textes originaux; chaque nom a été copié sur la signature même du recteur, figurant à la suite des actes de l'Université, consignés dans les registres dont suit la nomenclature chronologique :

1° PINAX RECTORIARUM CADOMENSIS UNIVERSITATIS. — Registre *en parchemin* de 317 feuillets, de 34 centimètres de hauteur sur 25 de largeur, illustrés de lettres ornées de dessins à la plume, dont quelques-uns d'une vraie valeur artistique (1). Ce registre commence à la première rectorie de MICHEL TRÉGORE, le 19 janvier 1439

(1) Feuillets 35, 103, 110, 138, 169, 170, 194 v°, 204, 210 v°, 213 v°, 254, 269, 270, 276, mais surtout 282 v° et 283 v°, d'une conception des plus étranges : 285 v°, 287 v°, un saint Sébastien ; 288 v°, un saint Pierre lisant ; 289 v°, un saint André ; 291, un saint Pierre coloré tenant un livre ouvert ; 200 v° et 201 r° et v°, 202, en tête des actes de *Henri Le Prevost*, dont l'enlumineur a épuisé toutes les ressources de la fantaisie artistique ; — au feuillet 307, le saint Pierre, et surtout au 308 v°, le troupeau de chèvres.

(1440), et finit à la rectorie d'*Antoine Desbuas*, le 1er octobre 1510.

2° Registrum PRO CONCLUSIONIBUS rectorum.— Registre en *fort papier* de 263 feuillets, commençant au 31 mars 1456, sous le rectorat de NICOLAS MARC, et finissant le 28 juin 1502, sous le rectorat de GUILLERME MALLET. — Quelques lettres initiales sont grotesquement ornementées.

3° RECTORIÆ, minutes des rectories. — Registre *en papier*, *épais et mou*, de 262 feuillets écrits, commençant au 11 octobre 1512, sous la rectorie de NICOLAS LATHOMI (autrement appelé LE MASSON), et finissant le 24 juin 1553, sous la rectorie de NICOLAS DE THAN. Ce registre a beaucoup souffert de l'humidité, plusieurs feuillets sont tachés et rongés.— Les titres des rectories sont en majuscules bleues, noires ou rouges, et les lettres initiales sont ornées d'arabesques peintes (feuillets 72 v° et 152 v°), de dessins fantastiques (feuillet 130 v°) et de figurines charmantes, telles que celles de la Vierge (feuillet 34 v°), de sainte Catherine (feuillet 35 v°), de saint Laurent (feuillet 77 v°), et surtout celle de saint Jacques (feuillet 84) et une figure de docteur (feuillet 154).

4° RECTORIÆ Cadomensis Universitatis. — Grand registre en vélin composé : 1° de 8 feuillets, commençant le 24 juillet 1514, sous la rectorie de ROBERT BARREY et finissant sous la rectorie de ROMAIN LÉONARD; 2° de 240 feuillets, commençant le 15 mars à la rectorie de LAURENT MERIÉ et finissant le 2 octobre 1567, date de

l'élection au rectorat de JEAN CHAMPION. Ces feuillets
ont 38 centimètres de hauteur sur 26 de largeur. Les
titres de tous les feuillets de ce beau manuscrit sont en
lettres historiées, et les initiales sont des vignettes
délicates et de charmants dessins d'une perfection
artistique. Chaque recteur luttait de luxe pour orner les
actes de sa rectorie. Il faut citer, entre autres, JACQUES
RICHART, dont les titres surmontés de ses armes :
« *d'azur aux trois têtes de cerf d'or 2 et 1* », sont en
lettres d'or, en lettres bleues et or, en lettres or et
rouges, dont les lettres initiales sont des vignettes
d'une grande richesse de couleurs et d'une vraie valeur
artistique (feuillets 18 et 19) ; — PIERRE BARATE, dont les
titres ont une initiale d'or encadrant une belle vignette
représentant le recteur agenouillé devant l'Évangile et
vêtu de la pourpre royale à collet d'hermine, protégé
par saint Pierre nimbé, debout derrière lui, portant une
grosse clef (feuillet 27 v°). L'initiale du feuillet 28 v°
est encore un R d'or encadrant la salle du conseil. Le
recteur, vêtu de la pourpre à collet d'hermine, est
assis sous un dais : devant lui se tiennent, debout ou
assis, sept docteurs personnifiant les sept arts libéraux
et dont la diversité des toges indique les Facultés qu'ils
représentent ; — FRANÇOIS CABART, dont la lettre initiale
(feuillet 45 v°) encadre une vignette d'une charmante
originalité, représentant saint Martin nimbé, sur un
cheval blanc haut empanaché, coupant son manteau
dont la moitié recouvre la partie supérieure du dos d'un
mendiant à jambe de bois ; les M initiales, d'or et rose,
de Guillaume Le Rat, qui sont d'une grande richesse
d'ornementation ; le D initial en or de DAVID JORES,
encadrant un David agenouillé d'un seul genou et

tendant la main pour recevoir une épée qu'un ange armé lui descend du ciel; les saints Jean et les actes de JEAN MOSQUE (au feuillet 126-134), qui sont d'un vélin plus beau que tous les autres feuillets. — Il convient de citer surtout les trois M initiales de Michel Natalis (Noël) encadrant la trilogie de la légende de saint Michel, 1° vainqueur, foulant sous son pied gauche et menaçant de son épée le diable terrassé et lançant des flammes de sa gueule ouverte (feuillet 145); 2° saint Michel, juge, tenant une balance de la main droite et pesant l'âme d'un enfant, qui le supplie, agenouillé dans l'un des plateaux de la balance que le diable, armé d'une massue, mais foulé sous les deux pieds nus et la longue croix du saint, veut attirer à lui de sa main gauche aux doigts crochus (feuillet 145 v°); 3° saint Michel, protecteur, tenant la grande croix, debout sur un piédestal, se penchant, la main gauche sur le cœur, vers un docteur agenouillé et l'invoquant avec confiance, les mains jointes et le regard levé vers le saint, derrière les pieds duquel apparaît la tête menaçante du diable (feuillet 146 v°). Pour terminer, citons le feuillet 225 consacré au seul titre de Beroald Marôge de Brémont, encadré dans un anneau d'or surmonté de ses armes d'azur au T d'argent, cantonné de deux étoiles d'or, entourées d'une guirlande de laurier fleuri que soutiennent deux beaux amours ailés; des deux côtés du titre, deux bustes de canephores semblent causer avec des oiseaux, et au-dessous deux sirènes aux seins saillants se terminent en croupes et queues recourbées de dauphin.

5° LE MATROLOGE DE L'UNIVERSITÉ de Caen, de la main

de Pierre de Lesnauderie, 1515, appartenant à la *Collection Mancel,*

6° Les COMPTES des recevours de l'Université, de 1517 à 1711.

7° Un grand registre en parchemin, de 18 feuillets de 39 centimètres de haut sur 31 de large, contenant :

1° BREVES COMMENTARII de la gestion de JACQUES DE CAHAIGNES, dont le premier feuillet est encadré d'arabesques, de fleurs et de fruits avec les armes du recteur : « *de gueules à 3 épées d'argent en pal, au chef d'argent à 3 roses de gueules* » (1575) ;

2° HISTORICA HYPOMNEMATA de la rectorie de TANNEGUY DU BUISSON, dont le premier feuillet est encadré de fleurs, de fruits avec le chiffre et les armes du recteur : « *d'azur à l'arbre d'or enlacé d'un serpent de sinople* » (1576) ;

3° RERUM GESTARUM de la troisième rectorie de NICOLAS LE VALOYS (1577) ;

4° Dictatura magistri Johannis Bulonii, avec les armes de Jean de Bouillon : « *de gueules au chevron d'azur à 3 oies d'argent 2 et 1* » (1580) ;

8° Un cahier de parchemin de 6 feuillets, contenant les actes de la rectorie de Germain Jacques (1577) ;

9° Le volume 50° des *Délibérations de la ville de Caen,* relatives à l'Université de Caen, 1580-1627 (appartenant aux *Archives municipales*) ;

10° Les 45 registres des réceptions, de 1599 à 1792.

11° Les registre des conclusions du général de l'Université, de 1041 à 1788.

12° Les nombreux registres des attestations et certificats des diverses Facultés, de 1631 à 1792.

Enfin, toutes les liasses et pièces relatives à l'Université, que nous avons pu réunir et classer dans les Archives du département, de telle sorte que nous avons pu combler les lacunes et rectifier les erreurs des trois listes connues et qui sont :

1° Le premier essai de liste des recteurs dans le MATROLOGE de Pierre de Lesnauderie, allant du premier recteur, Michel Trégore (1540), jusqu'à Julien Morize (1528) (feuillet 371 v°-374), puis continuée tant bien que mal jusqu'en 1579 (feuillet 258). Il y a des erreurs, des omissions et des interversions de recteurs, déplacés de leur vraie date ;

2° La liste remplissant deux grands tableaux conservés au secrétariat de l'Académie et du Rectorat ; il y a aussi des erreurs de noms et d'assez nombreuses lacunes ;

3° Enfin, la liste du numéro 88 de la Bibliothèque de Caen. Ce manuscrit, offert à la Bibliothèque par M. Massif, libraire, a son prix, malgré des erreurs de détails et des omissions. Il est, sans doute, de la main de M. Léchaudé-d'Anisy, qui a dû compulser quelques-uns des documents originaux ; car, à la suite de sa liste des recteurs, il a ajouté des *anecdota academica* et la liste des doyens, des professeurs et des scribes de l'Université des plus célèbres.

Il nous reste toujours le regret de n'avoir pas trouvé

la liste que l'abbé De La Rue (1) annonçait devoir publier dans un « Essai sur l'histoire littéraire de la ville de Caen. » C'était probablement un de ces projets qui restent toujours à l'état de projet. Toujours est-il que, s'il a été exécuté, il n'a pas été publié,

(1) Page 28 du t. II de ses *Essais historiques sur la ville de Caen.*

Caen, Typ. F. Le Blanc-Hardel.